OCÉAN GLACIAL ARCTIQUE
SIBÉRIE
RUSSIE
FINLANDE
KAMCHATKA
LAC BAIKAL
AMOUR
MONGOLIE
JAPON
CHINE
HIMALAYA
IRAN
ÉGYPTE
ARABIE
MER D'OMAN
GOLFE DU BENGALE
SRI LANKA
ÉQUATEUR
TROPIQUE DU CANCER
OCÉAN PACIFIQUE
OCÉAN INDIEN
INDONÉSIE
AUSTRALIE
NOUVELLE-ZÉLANDE
ÎLE DE LA RÉUNION
MADAGASCAR
Grande Barrière de Corail
ANTARCTIQUE

Retrouvez vite les livres de Richard Unglik aux Editions Casterman !

Édité par Éditions Casterman, Cantersteen, 47, 1000 Bruxelles.

www.casterman.com

ISBN 978-9-941-24448-3

Dépôt légal : mars 2015 ; D.2015/0053/116

Déposé au ministère de la Justice, mars 2015, Paris (loi n° 49.956 du 16 juillet 1949 sur les publications destinées à la jeunesse).

Achevé d'imprimer en décembre 2014, en Chine par C & C Offset Printing CO., LTD.
14/F, C&C Building, 36 Ting Lai Road, Tai Po, N. T. Hong Kong

MON TOUR DU MONDE AVEC playmobil

4. DE L'ARGENTINE JUSQU'AU PÔLE NORD

Bonjour !
Voici le quatrième et dernier volet de mon tour du monde.
Je suis maintenant en Amérique ! Arrivé par le sud, depuis l'Antarctique, je découvre l'Argentine et l'incroyable Brésil. Quel contraste entre les villes trépidantes de la côte et la forêt amazonienne, surnommée « l'Enfer vert » !
Remontant le continent, je traverse le Pérou, le Mexique, et fais une escale sur les plages d'Hawaï. Bien reposé, me voilà prêt à visiter les États-Unis, sans oublier son grand voisin, le Canada.
Après quoi, il me faut bien commencer à penser au retour à la maison...

Vous êtes prêts à me suivre ?

TOP DÉPART !

Je quitte les manchots de l'Antarctique pour retrouver les vaches argentines.

LA VIANDE ARGENTINE

Elle est réputée comme l'une des meilleures du monde, car l'élevage dans les pampas se fait sans aucune hormone. Les vaches argentines ne connaissent jamais l'étable : elles passent leur vie à brouter dans les champs. C'est pourquoi leur viande est si savoureuse.
Le plat national est l'*asado* : c'est de la viande de bœuf grillée sur les braises. Mais attention ! Pas n'importe quel morceau sur n'importe quel feu, comme un vulgaire barbecue... Il s'agit de déguster entre amis d'énormes portions d'une viande tendre, goûteuse et bien juteuse, comme seul un Argentin sait la faire mijoter !

Le gardien de troupeaux de la pampa argentine est appelé *el gaucho*. Cela viendrait du mot quechua *huacchu* qui désigne un individu solitaire.

L'Argentine doit son nom aux premiers Conquistadores espagnols : alors qu'ils cherchaient de l'or dans la région du Rio de la Plata (1516), ils furent accueillis par des indigènes qui leur offrirent des objets en argent.

D'abord colonie espagnole, l'Argentine acquiert son indépendance en 1810 après la « Révolution de Mai ».

Tango : danse à deux temps née à la fin du XIXe siècle en Argentine. La femme est guidée par l'homme en laissant aller naturellement son poids dans le sens de la marche. Considéré comme une danse par trop langoureuse et sulfureuse, le tango fut parfois interdit par l'Église.
Le *bandonéon* (sorte d'accordéon) est traditionnellement l'instrument qui accompagne les évolutions des danseurs.

Juan Perón, au pouvoir entre 1946 et 1955, est resté un président célèbre. Moins cependant que son épouse, Eva Perón (dite Evita), morte en 1952, qui fait aujourd'hui encore l'objet d'un véritable culte populaire.

Le Brésil tire son nom du bois couleur « braise » que des navigateurs portugais rapportèrent au 16e siècle. Le Brésil est le plus grand État d'Amérique du Sud. C'est aussi son seul pays de langue portugaise. Lorsqu'on quitte les grandes cités surpeuplées et colorées de la côte atlantique (Bahia, São Paulo, Rio de Janeiro), on entre dans la plus grande forêt vierge de la planète : l'Amazonie (4 500 000 km^2), surnommée l'« enfer vert ».

Au Brésil, le « futebal » est une véritable religion.
Avec cinq victoires en Coupe du monde (1958, 1962, 1970, 1994 et 2002), c'est le pays le plus titré.
Le joueur emblématique du Brésil est Pelé, actif entre 1958 et 1975.
Les plus connus aujourd'hui sont Ronaldo, Ronaldinho ou Neymar.
Le stade Maracanã de Rio de Janeiro a accueilli en 2014 la finale de la Coupe du monde.

Le grand rival sud-américain du Brésil est l'Argentine.
Son joueur vedette, Diego Maradona, surnommé El Pibe de Oro (Le gamin en or) fit le bonheur des supporters argentins dans les années 1980 et 1990.

Argentiiiiiiina !

EN REMONTANT L'AMAZONE

Sur 7 000 km, l'Amazone est le plus grand fleuve du monde. Il coule en Amérique du Sud et traverse l'Amazonie, une immense forêt surnommée "l'Enfer vert". L'endroit regorge de dangers : des caïmans, crocodiles de plus de 7 m, des serpents parfois énormes, tel l'anaconda. D'autres sont plus petits mais tout aussi dangereux, comme des grenouilles venimeuses et des insectes plutôt voraces.

Sur la plus grosse branche d'un palétuvier, un jaguar digère tranquillement. Dans les eaux boueuses, des piranhas attendent leur repas. Seul endroit à offrir un relatif répit : le haut des arbres, habité essentiellement par des oiseaux, des perroquets et des toucans ou par de petits singes.

Mais que cherchent ces aventuriers dans un endroit aussi hostile ?
De l'or ! Ne dit-on pas que l'Amazonie cache la cité légendaire d'Eldorado ou bien quelque ruine secrète abritant le trésor des Incas ?

Au Pérou, il ne reste malheureusement pas grand-chose de la brillante civilisation des Incas : des pans de murailles ou quelques sanctuaires en ruine, comme le fameux Machu Picchu.

Mon guide me conduit devant l'un de ces temples perdus dans la jungle.
Je m'assois, me saisis de mon matériel de dessin, et j'essaie d'imaginer ces lieux à l'époque fastueuse des Incas, qui se proclamaient « fils du Soleil ».

Mystères des civilisations précolombiennes

Je pars à la rencontre des fascinantes civilisations qui ont fleuri pendant des siècles sur le continent américain avant l'arrivée de Christophe Colomb.
Les mieux connues sont celles des Incas (au Pérou), des Mayas, Aztèques, Toltèques et Olmèques (en Amérique centrale)...
Avec la conquête espagnole au 16e siècle, ces brillantes civilisations disparurent et de nombreux mystères archéologiques demeurent irrésolus.

Par exemple : qu'est devenu le trésor des Incas qui fut mis à l'abri juste avant l'arrivée des Conquistadores ? Est-il enfoui au plus profond des eaux du lac Titicaca ou dissimulé dans des grottes inaccessibles de la cordillère des Andes ?

n autre de ces mystères se trouve sur l'île de Pâques, à 3 500 km s côtes chiliennes. L'île de Pâques fut découverte le jour de Pâques 722 et, tout de suite, une question s'imposa : quelle civilisation étonnante avait pu élever ces statues gigantesques (ou Moaï) → u'on rencontre sur l'île ?

Le plus énigmatique des mystères est peut-être celui des gigantesques dessins sur le sol que l'on ne peut voir qu'en avion sur le site de Nazca, au Pérou.

Pour élucider ces mystères archéologiques, un grand nombre d'auteurs en quête de sensationnel ont avancé des explications fantaisistes : interventions d'extraterrestres, de géants, pouvoirs magiques et occultes... Ne faut-il pas plutôt reconnaître que ces civilisations étaient tout simplement ingénieuses et parfaitement capables de cacher un trésor, d'élever des statues gigantesques ou de dessiner patiemment des images sur le sol ?

L'AMÉRIQUE CENTRAL

Souvent, on appelle « Amérique latine » la partie du continent où l'on parle des langues dérivées du latin principalement l'espagnol (au Mexique, au Guatemala, au Costa Rica, à Cuba…) ou le français (Antilles, Guyan Au Brésil, c'est le portugais.

Outre le tourisme et les ressources du sous-sol, une grande partie des richesses de l'Amérique latine provient de l'agriculture, en particulier du café, du tabac, de la canne à sucre et des fruits exotiques.

Papillon (1906-1973) : célèbre prisonnier du bagne de Cayenne, en Guyane. Condamné aux travaux forcés à perpétuité en 1931, il s'évade et raconte sa vie dans un livre intitulé "Papillon". De son vrai nom Henri Charrière, il doit son surnom au papillon tatoué sur son torse… et à son désir de liberté.

Le révolutionnaire Ernesto "Che" Guevara (1928-1967), champion de la cause paysanne, est une icône toujours très présente dans toute l'Amérique latine.

Plantation de tabac sur u haut-plateau des Andes.

Le terme de *mariachi* désigne à la fois un type de formation musicale du Mexique et son style de musique.
Cette musique accompagne les cérémonies et fêtes mexicaines.

Avant sa conquête en 1519 par Hernán Cortés, ce qui allait devenir le Mexique était peuplé par une grande civilisation: les Aztèques. Leurs légendes racontaient que le dieu Quetzalcoatl avait été vu près d'un lac sous l'apparence d'un vautour posé sur un cactus et dévorant un serpent. À cet emplacement, les Aztèques avaient alors bâti une ville: Tenochtitlan, qui allait devenir plus tard Mexico, l'une des villes les plus peuplées au monde, et la capitale du Mexique.

Le Mexique a de quoi charmer de nombreux touristes : ses plages magnifiques d'Acapulco ou de Cancun, ses sites archéologiques précolombiens, sa cuisine si typique (le fameux guacamole, les tacos, les enchiladas, les fajitas...) tout cela fait de ce beau pays une destination appréciée des visiteurs du monde entier.

Sombrero : chapeau originaire du Mexique. Son large bord permet à ses utilisateurs de se protéger du soleil. Le nom dérive de l'espagnol *sombra* qui signifie ombre, ou obscurité.

Sur les plages du Costa Rica

C'est le «jour J» pour ces jeunes tortues de mer du Costa Rica. Les premières lueurs de l'aube annoncent le jour le plus long! Car pour échapper aux nombreux prédateurs qui guettent l'éclosion simultanée des œufs, les nouveau-nés doivent ramper le plus rapidement possible vers la mer.

Si elle parvient à l'âge adulte, la tortue de mer pèsera de 100 à 300 kg pour 1,20 m de long.
Protégée par sa carapace, elle pourra se défendre vaillamment contre
les prédateurs et vivre une bonne centaine d'années.
Pour pondre, elle parcourra parfois des milliers
de kilomètres afin de revenir...
... sur la plage de sa naissance !

Sur les belles plages d'Hawaï,
les surfeurs tiennent la vedette.

Les *shortboards* (« planches courtes », en anglais) sont apparues dans les années 1960-1970. Plus légères, elles offrent une liberté de figures beaucoup plus importante.

Hawaii

Cinquantième État des États-Unis d'Amérique,
Hawaï est un archipel de 122 îles au cœur de l'océan Pacifique.
Sa capitale est Honolulu, ville natale du Président américain Barack Obama.
Hawaï est le paradis des surfeurs car les plus grosses vagues du monde y déferlent.
À Peahi, île de Maui, se produit quelques jours par an la déferlante de Jaws (littéralement «mâchoires» en anglais). Cette vague géante, la plus grosse du globe, atteint parfois 25 mètres de haut!
Quand les vagues ne sont pas au rendez-vous, il ne reste plus aux Hawaïens et aux touristes qu'à passer du bon temps sur la plage.

À la Conquête de l'Ouest

Le mont Rushmore, dans le Dakota du Sud, est une statue monumentale sculptée dans la montagne. Elle représente quatre grands présidents de l'Histoire américaine: George Washington, Thomas Jefferson, Theodore Roosevelt et Abraham Lincoln.

Depuis 1914 et les premiers films de Charlot, Hollywood réalise les films qui nous font rêver.

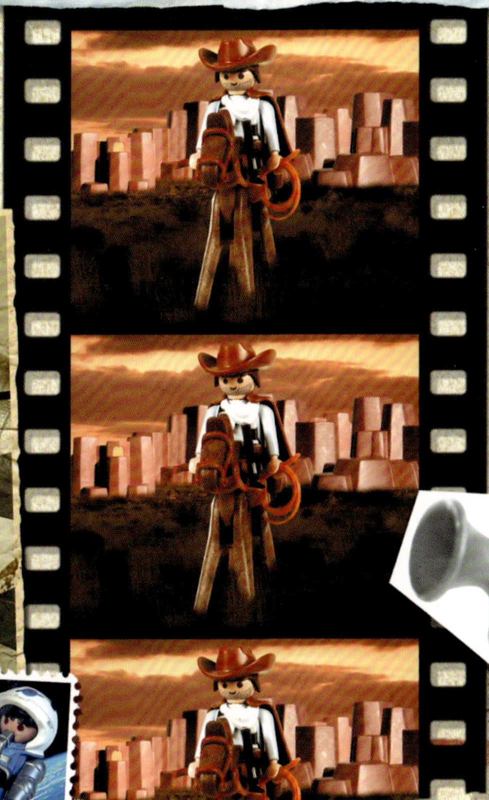

Je quitte Hawaï pour me lancer à la découverte de l'Ouest américain.
Les États-Unis d'Amérique, c'est cinquante États représentés par les 50 étoiles du drapeau « The Star Spangled Banner ».
C'est le pays des cow-boys et des rodéos, de la conquête spatiale, des hamburgers, de la musique country, du rock'n'roll et du jazz, du basket-ball, du roller, du football américain et du baseball...
J'emprunte la mythique « Route 66 » qui traverse le pays et j'y croise des bikers sur leurs sublimes motos.
Une petite halte à Las Vegas, royaume des casinos, le temps de perdre quelques dollars au poker, puis je reprends ma route vers la Californie.

La Californie ! Un nom qui fait rêver depuis que l'on y a trouvé de l'or en 1848.
De nos jours, c'est la gloire que l'on vient chercher ici : la gloire cinématographique à Hollywood, ou bien la gloire informatique aux environs de San Francisco.

Au sud de San Francisco, on trouve la Silicon Valley : c'est là que les génies de l'informatique élaborent les ordinateurs de demain.

NAISSANCE D'UNE NATION

Les États-Unis ont une jeune histoire. Mais quelle histoire ! C'est souvent par la loi des armes que s'est bâtie la plus grande puissance mondiale.

C'EST LA CONQUÊTE DE L'OUEST.

Les Américains ont proclamé leur indépendance le 4 juillet 1776.
De plus en plus nombreux, les colons s'installent sur les terres indiennes, malgré la résistance des Sioux ou des Apaches.
La ruée vers l'or de 1848 attise encore le goût de l'aventure. C'est le temps des cow-boys, des dilligences, des saloons, des bandits et des sherifs.
Mieux vaut savoir se servir d'un *colt* pour défendre sa famille et ses dollars !

États-Unis, ou désunis ?

Les États du Nord, riches et industrieux, s'opposent à ceux du Sud, agricoles et esclavagistes.
C'est la guerre de Sécession (1861-1865).
Menés par le président Lincoln et le général Grant, les Yankees du Nord l'emportent sur les Confédérés sudistes du général Lee.
L'esclavage est aboli. Des millions de Noirs découvrent la liberté !

En remontant le Mississippi

Au XIXe siècle, par millions, les Européens viennent peupler l'immense continent américain. Les pionniers se lancent à la conquête de l'Ouest. Ils découvrent une nature sauvage peuplée d'aigles, de castors, d'ours et de bisons.

Les trappeurs qui descendent les rivières rencontrent les tribus indiennes. "Peaux Rouges" et "Visages Pâles" font connaissance… pour le meilleur et pour le pire.

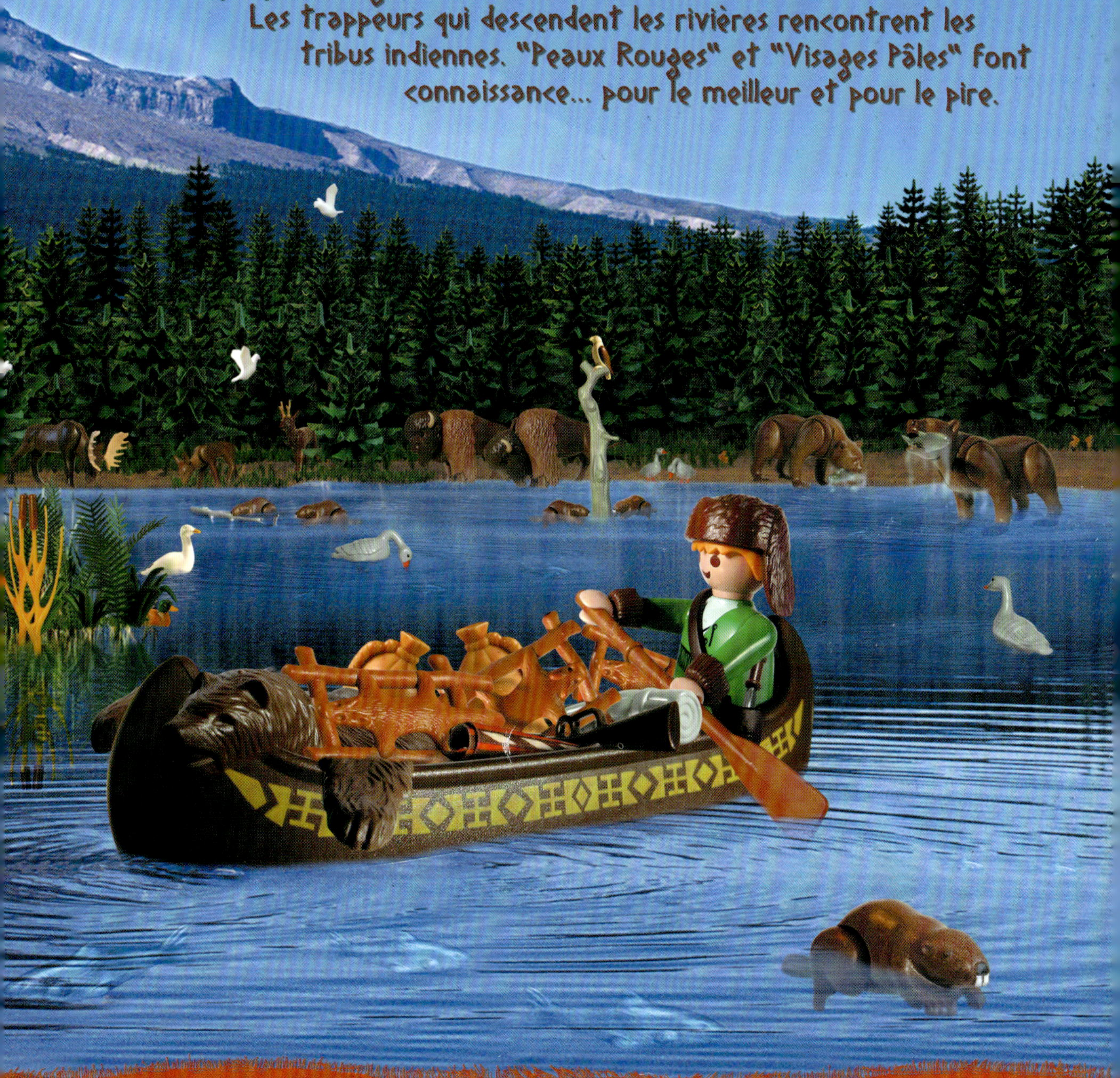

Déclaration d'indépendance le 4 juillet 1776.
C'est la fête nationale des États-Unis.

Dollar : monnaie des États-Unis d'Amérique. C'est la monnaie la plus utilisée au monde pour les transactions. Le mot « dollar » est une déformation du thaler, monnaie d'argent apparue au début du XVIe siècle.

Barack Obama : 44e et actuel Présid
des États-Unis d'Amérique. Il entre d
l'histoire le 4 novembre 2008 en étan
son premier Président noir. Il reçoit l
prix Nobel de la paix le 9 octobre 20

À Washington et à New York

Gratte-ciel : immeuble de très grande hauteur (plus de 150 m, soit 500 pieds) typique de New York, et en particulier de Manhattan. La grande époque de construction des gratte-ciel est la fin du XIXe siècle, mais surtout les années 1900-1930. Cela coïncide avec une hausse spectaculaire des prix des terrains à Manhattan et avec la modernisation des ascenseurs. La ville commence alors sa spectaculaire course au plus haut édifice. Aujourd'hui, New York ne serait pas New York sans ses magnifiques buildings, dont certains sont mondialement célèbres comme l'*Empire State Building*.

Sur la côte est des États-Unis d'Amérique s'élèvent plusieurs grandes villes, dont Washington et New York.
ashington est la capitale politique des États-Unis : c'est là que siègent le Président, à la Maison-Blanche, et le Parlement, au Capitole.
Le nom de cette ville vient de George Washington: il prit une part active à la guerre 'Indépendance, en 1776, avant de devenir le premier Président des États-Unis.

À côté de cette capitale politique, il existe une capitale économique et culturelle: New York.
Je monte dans un «yellow cab», l'un de ces fameux taxis jaunes qui sillonnent par milliers la ville, et je demande au chauffeur de me faire visiter New York.
Première étape, Wall Street, le cœur de la finance mondiale.
C'est là que siègent les plus grandes banques et la Bourse aux valeurs.
On y croise des milliardaires dans de somptueuses limousines et des traders toujours pressés.

Puis, je visite le musée d'Art Moderne, le «Moma».
Après une petite promenade dans Central Park, un immense espace vert au centre de Manhattan, je grimpe au dernier étage du plus fameux des gratte-ciel : l'Empire State Building, d'où j'ai une vue panoramique sur toute la cité.
Je suis cependant un peu déçu de ne pas y croiser King Kong!
Je termine ma visite par la célébrissime statue de la Liberté, qu'on appelle familièrement ici Miss Liberty.
C'est un nom parfaitement approprié pour symboliser ce grand pays de la liberté...

Miss Liberty

KING KONG

Depuis la naissance du cinéma, les animaux occupent nos écrans. De quoi rendre jalouses les plus grandes stars !
On les découvre sous toutes les formes, dans tous les genres, mais il semble bien que c'est avec le cinéma fantastiqu et dans l'art de nous faire peur, que les réalisateurs d'Hollywood ont été le plus inspirés.

Depuis *King Kong* en 1933, les bêtes les plus inquiétantes prennent vie sous nos yeux : qui n'a pas tremblé face aux oiseaux de Hitchcock, aux requins des *Dents de la mer*, aux singes de *la Planète des Singes* et aux incroyables dinosaures de *Jurassic Park* ?

Ces inquiétantes bestioles qui font

du cinéma !

Le Canada est le deuxième plus grand pays du monde. C'est cependant un pays peu peuplé car toutes les grandes villes (la capitale Ottawa, Québec, Vancouver) sont situées au sud, le long de la frontière avec les États-Unis, tandis que les régions du nord sont quasiment désertes. On y compte quelque deux millions de lacs, des fleuves gigantesques (le Canada dispose de la plus grande réserve d'eau douce de la planète), et parmi les plus grandes forêts du monde. Le Canada est donc naturellement un grand producteur de bois, mais aussi du fameux sirop d'érable indispensable pour accompagner les pancakes du petit déjeuner. La feuille d'érable est d'ailleurs le symbole national du Canada.

L'une des figures légendaires de ce pays, c'est bien sûr sa célèbre Police montée. Vêtue de rouge et se déplaçant à cheval, elle s'est rendue célèbre durant la ruée vers l'or, à la fin du 19e siècle.

Hockey sur glace : sport d'équipe se déroulant sur une patinoire. L'objectif est de marquer des buts en envoyant à l'aide d'une crosse un disque de caoutchouc, appelé palet ou rondelle, à l'intérieur du but adverse. L'équipe comprend un gardien de but et cinq joueurs qui se remplacent fréquemment.
Sport de vitesse, le hockey est souvent surnommé « sport le plus rapide du monde ». C'est le sport national du Canada, très fier d'une nouvelle médaille d'or aux JO de Vancouver en 2010.

Le castor a été élevé au rang d'emblème officiel du Canada en 1975. Réputé patient et travailleur, ce gros rongeur survit et prospère dans tout le pays. C'est au bord des torrents qu'il construit les fameux barrages qui font sa réputation.

L'ours brun

L'ours brun vit généralement en solitaire. Les rares rassemblements de ces animaux ont lieu en été, sur les rives des torrents. Ils savent que, d'un coup de patte, ils y attraperont les saumons qui remontent les eaux pour pondre leurs oeufs.

L'ours brun est présent dans les forêts montagneuses d'Amérique du Nord, et en Europe jusqu'aux confins de la Sibérie.

Son régime omnivore, sa musculature puissante qui lui permet de se tenir debout, ses grosses griffes acérées, et enfin son pelage isolant constitué de 3 couches de poils, sont des atouts majeurs pour emmagasiner la provision de graisse dont il aura besoin pour affronter l'hiver. Car en hiver, l'ours hiberne.
Une fois installé dans sa tanière, il n'en sortira ni pour boire, ni pour manger.
Mais il se réveille souvent au cours de l'hibernation.
Et dans ces moments-là, il vaut mieux ne pas être dans les parages !

Originaire de Sibérie, le husky est un petit chien robuste et endurant utilisé par les Inuits pour tirer des charges ou des traîneaux.

Je termine mon tour du monde en réalisant l'un de mes plus grands rêves : passer quelques jour à l'extrême-nord, avec des chasseurs inuits sur la banquise.
Grâce à la chasse et à la pêche, ce peuple est parvenu à survivre dans l'un des milieux les plus hostiles du monde. Bbrrrrr ! C'est vrai qu'il fait très froid : -30°C quand je sors de l'igloo où j'ai passé la nuit à l'abri de la neige et du ve glacé.
Bien couvert de fourrures, je reste au camp avec les femmes et les enfants pendant que les homme sont à la pêche, ou bien à la chasse au phoque et à la baleine.
Quant à moi, je participe à l'élaboration du prochain repas en pêchant quelques poissons.

Pêche à la baleine

Banquise : étendue de mer gelée qui se forme durant l'hiver polaire, quand la température de l'eau descend sous les - 2°C. Au cœur de l'hiver, l'épaisseur de la glace peut atteindre 2 m, sans compter la neige qui se dépose dessus.
De nos jours, en raison du réchauffement climatique, la banquise des régions arctiques diminue fortement. Les spécialistes s'inquiètent des conséquences de ce phénomène et, si rien n'est fait, ils redoutent même une disparition totale !

Tous les animaux de la mer, en particulier les phoques et les baleines, fournissent aux Inuits leurs moyens de subsistance : viande, graisse, fourrure...

CHEZ LES INUITS

L'ours polaire habite le sud du continent arctique, tout autour du pôle Nord.
Quand il n'hiberne pas, ce géant solitaire parcourt des distances considérables sur la banquise déserte, la truffe au vent, en quête de nourriture. Son flair exceptionnel lui permet de détecter l'odeur d'un phoque à plusieurs kilomètres à la ronde.

Son anatomie est particulièrement bien adaptée au milieu polaire ; son épaisse fourrure blanche est imperméable à l'eau et au froid. Sous la peau, une énorme couche de graisse lui permet de flotter et de ne pas se refroidir dans l'eau. C'est un excellent nageur qui passe une bonne partie de la journée dans l'eau glacée.

Malgré son poids et sa taille considérables, l'ours polaire se montre très adroit pour éviter les pièges de la banquise ; il se déplace sur la glace en répartissant son poids sur ses quatre pattes afin de ne pas la briser. La plante des pieds, très velue, donne à l'animal un bon appui sur le sol verglacé.

UN PEU DE CALME !

Malheureusement, l'ours blanc fait partie des espèces aujourd'hui menacées. On estime qu'il risque de disparaître à cause du réchauffement climatique : la banquise et les plaques de glace dérivantes dont il se sert comme plate-forme pour la chasse au phoque sont chaque année plus petites, moins épaisses et plus tardives dans la saison.

Television
TVi
POLICE
TAXI
SERVICE
OIL
CONCERT
Mac RAVATH
PRESIDENT
PM-99 3069

ET ME VOILÀ RENTRÉ CHEZ MOI !

ON S'ACTIVE, ON KLAXONNE, ON VROMBIT, ON SONNE, ON TÉLÉPHONE, ON SURFE, ON CHATTE, ON VISITE, ON PHOTOGRAPHIE, ON TRAVAILLE, ON VEND, ON PATIENTE, ON ACHÈTE, ON CONSOMME, ON SE RÉGALE, ON ROULE, ON S'ENFUME, ON GASPILLE, ON SE RENCONTRE, ON S'AIME, ON ROUCOULE, ON S'ENVOLE, ON SE SÉPARE, ON MARCHE, ON COURT, ON PÉDALE, ON SE DISPUTE, ON FILME, ON JETTE, ON SALIT, ON NETTOIE, ON CHOISIT, ON VOTE, ON BIFURQUE, ON RIT ... BREF, ON VIT.

C'est ici que s'achève mon grand tour du monde.
Quel beau voyage !

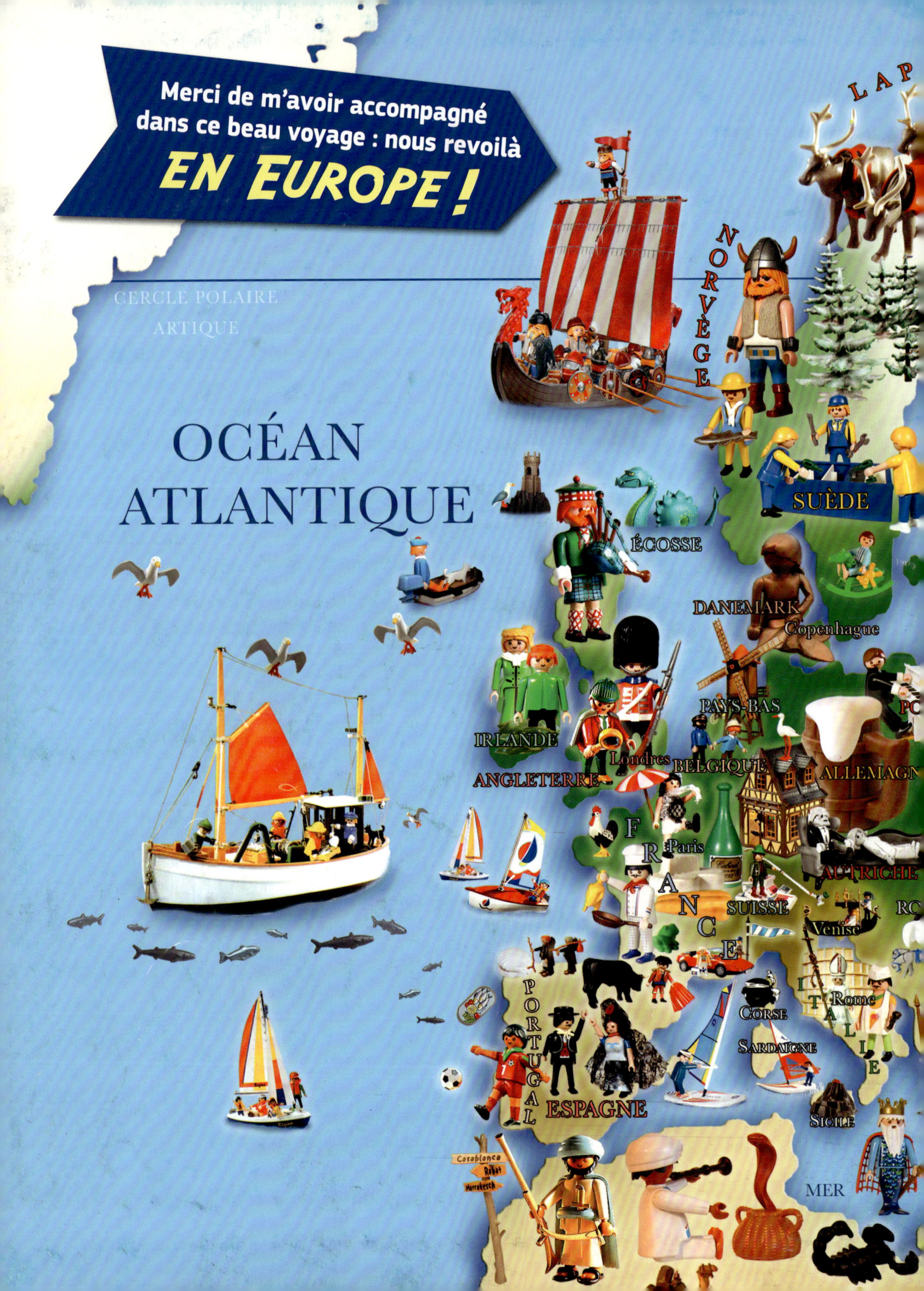
Merci de m'avoir accompagné
dans ce beau voyage : nous revoilà
EN EUROPE !
CERCLE POLAIRE
ARTIQUE
NORVÈGE
OCÉAN
ATLANTIQUE
SUÈDE
ÉCOSSE
DANEMARK
Copenhague
IRLANDE
PAYS-BAS
ANGLETERRE
Londres
BELGIQUE
FRANCE
Paris
SUISSE
AUTRICHE
Venise
PORTUGAL
ESPAGNE
CORSE
SARDAIGNE
ITALIE
Rome
SICILE
MER
Casablanca
Rabat
Marrakech